AF382156

Rufus und Schneeflocke

Eine besondere Freundschaft

Imprssum

© / Copyright: 2023 Bettina Birkner

Erstauflage
Umschlaggestaltung, Illustration: Bettina Birkner/Adobe Firefly
Lektorat, Korrektorat Bettina Birkner
Übersetzung: Bettina Birkner

Herstellung und Verlag: BoD – Books on Demand, Norderstedt

ISBN 9783757861056

Fuer Emily, den liebevollsten Menschen
auf der Welt

Kapitel 1: Die Begegnung zweier Außenseiter

Es war ein sonniger Tag im Wald, als Schneeflocke zum ersten Mal auf Rufus traf. Schneeflocke war ein ungewöhnliches Schwein mit strahlend weißem Fell und sanften blauen Augen. Sie unterschied sich stark von den anderen Schweinen im Wald, die meistens eine braune oder schwarze Farbe hatten. Die anderen Schweine fanden Schneeflocke seltsam und anders, und sie spotteten oft über sie, weil sie nicht aussah wie sie.

Schneeflocke fühlte sich oft traurig und einsam, denn kein anderes Schwein wollte mit ihr spielen oder Zeit verbringen. Sie verbrachte ihre Tage alleine und sehnte sich nach einem Freund, der sie so akzeptieren würde, wie sie war.

Gleichzeitig lebte Rufus, ein kleiner Rabe, im gleichen Wald. Aber Rufus war anders als die anderen Vögel - er konnte nicht fliegen. Seine Flügel waren zu schwach, und so verbrachte er die meiste Zeit auf dem Boden oder auf niedrigen Ästen. Die anderen Vögel verspotteten Rufus und nannten ihn "den flugunfähigen Raben". Sie wollten nicht mit ihm spielen, weil sie dachten, er sei nutzlos.

Eines Tages, als Schneeflocke und Rufus allein am Rand des Waldes saßen, bemerkte Schneeflocke den traurigen Blick von Rufus und spürte eine Verbindung zu ihm. Sie beschloss, zu ihm zu gehen und ihn kennenzulernen.

"Hallo", sagte Schneeflocke leise zu Rufus. "Ich bin Schneeflocke. Wie heißt du?"

Rufus hob seinen Kopf und sah Schneeflocke überrascht an. "Ich bin Rufus", antwortete er leise. "Aber die anderen Vögel nennen mich 'den flugunfähigen Raben'. Sie wollen nicht mein Freund sein."

Schneeflocke lächelte traurig. "Ich kenne dieses Gefühl, Rufus. Die anderen

Schweine wollen nicht mit mir spielen, weil ich weiß bin und nicht wie sie aussehe. Aber ich denke, dass wir uns gut verstehen könnten, weil wir beide wissen, wie es ist, anders zu sein."

Rufus blickte Schneeflocke neugierig an. "Wirklich?", fragte er unsicher.

"Ja, wirklich", bekräftigte Schneeflocke. "Lass uns Freunde sein und gemeinsam Abenteuer erleben. Vielleicht können wir gemeinsam entdecken, was der Wald uns zu bieten hat."

Rufus lächelte zaghaft und nickte. Er fühlte sich zum ersten Mal seit langer Zeit von jemandem akzeptiert und verstanden. Schneeflocke und Rufus begannen, Zeit miteinander zu verbringen und die Welt um sie herum zu erkunden.

Sie tobten durch den Wald, spielten Verstecken und halfen sich gegenseitig, ihre eigenen Talente zu entdecken. Schneeflocke ermutigte Rufus, seine Neugier zu nutzen und den Wald aus der Sicht eines nicht fliegenden Vogels zu erkunden. Rufus half Schneeflocke, ihre kreativen Ideen und ihre Liebe zur Natur zu schätzen.

Schneeflocke zeigte Rufus die besten Plätze zum Verstecken und die köstlichsten Beerenbüsche, von denen er sich ernähren konnte. Rufus wiederum lehrte Schneeflocke, wie sie mit ihrer Nase nach Würmern graben und köstliche Trüffel finden konnte, die tief unter der Erde versteckt waren.

Mit der Zeit lernten sie, dass es nicht wichtig war, wie sie aussahen oder welche Fähigkeiten sie hatten. Was zählte, war ihre außergewöhnliche Freundschaft und die Freude, die sie einander schenkten.

Schneeflocke und Rufus wurden unzertrennliche Freunde und bewiesen, dass wahre Freundschaft keine Grenzen kennt. Sie lernten, dass es in Ordnung war, anders zu sein, denn das machte sie einzigartig und besonders.

Ihre Freundschaft wurde rasch bekannt im Dorf Sonnenbach, und die Bewohner waren erstaunt über die außergewöhnliche Verbindung zwischen einem Schwein und einem nicht fliegenden Raben. Die beiden wurden zu einem Symbol für Zusammenhalt und Akzeptanz, denn sie zeigten, dass man trotz scheinbar unüberbrückbarer Unterschiede eine tiefe Verbundenheit aufbauen konnte.

So wurden Schneeflocke und Rufus zu wahren Legenden in Sonnenbach und darüber hinaus. Ihre außergewöhnliche Freundschaft inspirierte nicht nur die Tiere des Waldes, sondern auch die Menschen im Dorf, Vorurteile abzubauen und jeden mit offenen Armen willkommen zu heißen.

Kapitel 2: Ein Unvergesslicher Ausflug zum Dorffest

Die Dorfbewohner von Sonnenbach waren in heller Aufregung, denn heute fand das alljährliche Dorffest statt. Überall herrschte geschäftiges Treiben - Bunte Fahnen wurden aufgehängt, Stände mit leckerem Essen und Handwerkskunst wurden aufgebaut, und die Menschen kamen aus nah und fern, um an den Feierlichkeiten teilzunehmen.

Schneeflocke und Rufus beobachteten das bunte Treiben vom Rand des Waldes aus. Schneeflockes Augen funkelten vor Neugier, und Rufus' Flügelchen zitterten vor Aufregung. Sie beschlossen, dass es an der Zeit war, sich selbst in das Festgetümmel zu stürzen und das Dorffest hautnah zu erleben.

"Komm, Rufus! Lass uns gemeinsam zum Dorffest gehen und eine großartige Zeit haben!", rief Schneeflocke begeistert und senkte ihren Rücken, damit Rufus leicht aufsteigen konnte.

Rufus kraxelte geschickt auf Schneeflockes Rücken und klammerte sich an ihrem weiß glänzenden Fell fest. "Ich bin so aufgeregt! Das ist das erste Mal, dass ich ein Dorffest besuchen werde!", krächzte er freudig.

Mit Rufus auf ihrem Rücken schlenderte Schneeflocke durch den Wald, der sie direkt zum Eingang des Dorffestes führte. Als sie das Fest erreichten, begrüßte sie ein fröhliches Durcheinander aus Musik, Lachen und jubelnden Menschen.

Die Dorfbewohner staunten über die ungewöhnliche Reitkombination und beobachteten erstaunt, wie das weiße Schwein und der nicht fliegende Rabe Seite an Seite durch das Festgelände marschierten. Die anfängliche Überraschung wandelte sich jedoch schnell in Bewunderung, als die Menschen erkannten, dass Schneeflocke und Rufus eine tiefgreifende Freundschaft verband, die über alle Grenzen und Erwartungen hinausging.

Die beiden erkundeten die verschiedenen Stände und Attraktionen des Festes. Schneeflocke entdeckte einen Stand mit leckerem Gemüse und Früchten, während Rufus von den süßen Düften der gebrannten Nüsse angezogen wurde. Sie probierten von allem und genossen die kulinarischen Köstlichkeiten des Festes.

Als sie sich satt gegessen hatten, wurde Schneeflocke von der fröhlichen Musik eines Karussells angezogen. "Komm, Rufus! Lass uns eine Runde auf dem Karussell drehen!", rief sie aufgeregt und führte ihren gefiederten Freund zum Karussellplatz.

Rufus zögerte zunächst, aber Schneeflocke beruhigte ihn: "Keine Sorge, ich werde dich gut festhalten. Wir werden eine tolle Zeit haben!" Schneeflocke und Rufus nahmen nebeneinander auf einem bunten Karussellpferd Platz, und das Karussell begann sich zu drehen. Die Windböen bliesen ihnen ins Gesicht, und sie lachten

aus vollem Herzen. Es war ein Moment
purer Freude und Unbeschwertheit.

Nach der aufregenden Karussellfahrt
besuchten Schneeflocke und Rufus eine
Tanzfläche, wo sie begeistert inmitten
der Dorfbewohner tanzten. Rufus
schüttelte seinen Federn und wippte
fröhlich mit dem Rhythmus der Musik.
Schneeflocke stampfte vergnügt mit
ihren Hufen im Takt. Die Leute um sie
herum klatschten und jubelten ihnen zu.

Der Tag verging wie im Flug, und die
Sonne neigte sich langsam dem Horizont
entgegen. Schneeflocke und Rufus saßen
erschöpft, aber glücklich, unter einem
großen Baum am Rande des Festplatzes.
Ihre Blicke trafen sich, und sie wussten,
dass dieser Ausflug etwas ganz
Besonderes war.

"Danke, dass du mich mitgenommen
hast, Schneeflocke. Ich habe noch nie so
viel Freude und Aufregung erlebt!", sagte
Rufus mit einem Lächeln.

Schneeflocke lächelte zurück und sagte:
"Ich danke dir, Rufus, dass du mich

gelehrt hast, die Welt aus einer ganz
anderen Perspektive zu sehen. Heute
war der beste Tag meines Lebens."

Kapitel 3: Der Gemeine Junge und die Unterstützung der Tiere

Es war ein sonniger Nachmittag im Dorf Sonnenbach. Schneeflocke und Rufus hatten beschlossen, ihre neugewonnene Freundschaft zu feiern, indem sie gemeinsam einen entspannten Spaziergang durch den Wald machten. Sie plauderten vergnügt und entdeckten dabei neue versteckte Pfade und malerische Orte.

Während sie sich unterhalten und die Schönheit des Waldes genossen, hörten sie plötzlich lautes Gelächter in der Nähe. Neugierig folgten sie dem Geräusch und stießen auf einen gemeinen Jungen namens Max, der andere Tiere im Wald ärgerte.

Max war bekannt für seine Streiche und Boshaftigkeit gegenüber den unschuldigen Tieren. Er hatte keine Achtung vor der Natur und erfreute sich daran, kleine Kreaturen zu ärgern und ihnen Unannehmlichkeiten zu bereiten.

Als Schneeflocke und Rufus näher kamen, sahen sie, wie Max einen kleinen Igel ärgerte, indem er ihn mit einem Stock piekte. Der Igel, der vor Angst zusammengerollt war, hatte keine Chance zu entkommen.

Entsetzt über Max' gemeines Verhalten, beschloss Schneeflocke, einzuschreiten. "Hey, Max! Hör sofort auf, den Igel zu ärgern! Das ist gemein und unfair!", rief sie mit fester Stimme.

Max drehte sich um und lachte spöttisch. "Oh, schau mal, das neugierige Schwein und der nutzlose Rabe sind hier, um den Igel zu verteidigen. Ihr seid genauso nutzlos wie der Igel!", spottete er und zeigte keine Anzeichen von Reue.

Rufus, normalerweise zurückhaltend, fühlte sich von Max' gemeinen Worten getroffen. "Wir sind nicht nutzlos! Du hast keine Ahnung, wie viel Freude und Bedeutung wir im Wald haben!", krächzte er wütend.

Schneeflocke spürte, dass sie Max nicht alleine besiegen konnten. Also entschied sie sich, die anderen Tiere des Waldes um Hilfe zu bitten. Sie eilte zu den nahegelegenen Bäumen, wo sie ein Eichhörnchen, einen Hasen, eine Eule und einen Fuchs traf.

Sie erzählte ihnen von der gemeinen Behandlung des Igels durch Max und bat um ihre Unterstützung. Die anderen Tiere waren empört über Max' Verhalten und versprachen, Schneeflocke und Rufus zu helfen.

Gemeinsam entwickelten sie einen Plan. Das Eichhörnchen kletterte geschickt auf einen Baum und ließ Nüsse auf den Boden fallen, um Max abzulenken. Der Hase hoppelte um ihn herum und lenkte seine Aufmerksamkeit auf sich. Die Eule flog in die Luft und stieß einen lauten Schrei aus, um Max weiter zu verwirren. Und der Fuchs schlich sich von hinten an, um den Igel zu befreien.

Während Max mit den anderen Tieren beschäftigt war, schaffte es der Fuchs, den Igel sicher zu einem sicheren Ort zu bringen. Schneeflocke und Rufus beobachteten das ganze Geschehen und waren überwältigt von der Unterstützung ihrer tierischen Freunde.

Max war schließlich von all dem Wirbel um ihn herum überfordert und verließ fluchtartig den Wald, ohne sich umzusehen. Die anderen Tiere jubelten und feierten ihren Sieg über den gemeinen Jungen.

Schneeflocke und Rufus waren dankbar für die Hilfe und Solidarität, die sie von den anderen Tieren erhalten hatten. Sie realisierten, dass sie nicht alleine in ihrem Streben nach Gerechtigkeit und Freundlichkeit waren. Zusammen waren sie stark und fähig, das Gute im Wald zu verteidigen.

Von diesem Tag an war Max im Wald nicht mehr gesehen. Die Tiere lebten in Harmonie und halfen einander, wann immer es nötig war. Schneeflocke und Rufus hatten nicht nur eine außergewöhnliche Freundschaft gefunden, sondern auch eine wertvolle Gemeinschaft von Tieren, die füreinander einstanden und sich gegenseitig unterstützten.

Kapitel 4: Rufus' Großes Geburtstagsfest

In den Tagen vor Rufus' Geburtstag war Schneeflocke aufgeregt und konnte es kaum erwarten, ihrem besten Freund eine besondere Überraschung zu bereiten. Sie streifte durch den Wald und sprach leise mit den anderen Tieren, um ein großes Geburtstagsfest für Rufus zu planen. Jeder war begeistert von der Idee und versprach, zu helfen, die Feier zu einem unvergesslichen Ereignis zu machen.

Der Geburtstag von Rufus brach an, und der Morgen war von einer angenehmen Frische erfüllt. Schneeflocke wachte früh auf und machte sich sogleich daran, alles vorzubereiten. Mit ihrer klugen Organisation sorgte sie dafür, dass alles reibungslos verlief.

Zuerst ging sie zum Fluss, um frische, saftige Beeren zu pflücken, die Rufus so sehr liebte. Dann sammelte sie bunte Blumen und Blätter, um eine hübsche Dekoration zu gestalten. Schneeflocke bat das Eichhörnchen, ein paar Nüsse zu sammeln, und den Hasen, eine große

Karotte zu besorgen, um ein leckeres Geburtstagsmahl zuzubereiten.

Währenddessen sprach Schneeflocke mit der Eule, die die beste Idee hatte: Sie würde einen Wettbewerb organisieren, bei dem die Tiere ihre Talente zeigen konnten. Es würde einen Gesangs- und Tanzwettbewerb geben, bei dem alle Tiere teilnehmen konnten.

Am Nachmittag versammelten sich alle Tiere im Herzstück des Waldes, wo das Geburtstagsfest stattfinden sollte. Schneeflocke warf einen Blick um sich und lächelte zufrieden. Der Wald war geschmückt mit bunten Bändern und den schönsten Blumen, die ein magisches Ambiente schufen.

Rufus war ahnungslos und dachte, dass sie nur einen entspannten Tag verbringen würden. Als er das leuchtende Lächeln von Schneeflocke sah, bemerkte er, dass etwas im Gange war. "Was wird denn heute passieren?", fragte er neugierig.

Schneeflocke zwinkerte ihm geheimnisvoll zu. "Du wirst es sehen, Rufus. Heute wird ein ganz besonderer Tag für dich!"

Das Fest begann mit einem köstlichen Geburtstagsessen, bei dem sich alle Tiere um einen großen Baum versammelten. Sie aßen und lachten, während Rufus von ihren Glückwünschen und Wünschen für das neue Lebensjahr umgeben war.

Dann begann der Gesangs- und Tanzwettbewerb. Die Tiere zeigten ihre Talente und erfüllten den Wald mit Melodien und Bewegungen. Die Eule sang ein wunderschönes Lied, das die Herzen der Zuhörer berührte, und das Eichhörnchen führte eine erstaunliche Akrobatikvorführung vor.

Schneeflocke trat ebenfalls auf und führte eine lustige Tanzperformance auf. Sie drehte und wirbelte herum, und Rufus konnte sich vor Begeisterung kaum halten. Er klatschte und krächzte vor Freude, als er sah, wie seine beste Freundin vor Energie strotzte.

Der Höhepunkt des Festes war jedoch das Geschenk von Schneeflocke an Rufus. Mit einem breiten Grinsen führte sie ihn zu einem kleinen See, der von glitzernden Sonnenstrahlen beleuchtet wurde. Dort stand ein wunderschönes Vogelhaus, das Schneeflocke mit ihren eigenen Hufen und dem Geschick eines Biber-Handwerkers gebaut hatte.

"Überraschung! Das ist dein erstes Geburtstagsgeschenk, Rufus. Ein Vogelhaus, das du dein Zuhause nennen kannst", verkündete Schneeflocke stolz.

Rufus war überwältigt und fühlte sich so geliebt und geschätzt. "Danke, Schneeflocke! Das ist das schönste Geschenk, das ich je bekommen habe", schnarrte er gerührt.

Die anderen Tiere jubelten und klatschten, und das Geburtstagsfest ging bis in die späten Abendstunden weiter. Sie tanzten und sangen gemeinsam, und die Freude war in der Luft spürbar.

Als die Sterne am Nachthimmel funkelten, waren Schneeflocke und

Rufus von all der Liebe und Freundschaft, die sie an diesem besonderen Tag erlebt hatten, überwältigt. Ihre außergewöhnliche Freundschaft hatte sie zusammengeführt und eine tiefe Verbundenheit in ihrem Herzen geschaffen, die für immer anhalten würde.

Kapitel 5: Die Reise zum Meer

Schneeflocke hatte schon immer von einem unvergesslichen Abenteuer geträumt - das Meer zu sehen. Jedes Mal, wenn sie von den Geschichten der anderen Tiere über die endlosen Weiten des Wassers hörte, spürte sie eine unbändige Sehnsucht, die Welt jenseits des Waldes zu erkunden. Als sie ihren Wunsch Rufus anvertraute, erkannte sie in seinen Augen dieselbe Begeisterung.

"Rufus, ich möchte das Meer sehen. Es ist mein größter Wunsch, die Wellen zu hören und den endlosen Horizont zu sehen. Willst du mich auf dieser Reise begleiten?", fragte Schneeflocke mit einem Lächeln.

Rufus krächzte aufgeregt: "Natürlich, Schneeflocke! Ich bin bereit, jeden Weg mit dir zu gehen, egal wie weit und abenteuerlich er sein mag."

So begann ihre aufregende Reise zum Meer. Schneeflocke und Rufus durchquerten Wälder, Berge und Wiesen, während sie auf dem Weg viele neue Tiere trafen, die zu ihren engen Freunden wurden. Sie begegneten einem freundlichen Dachs, der ihnen den besten Weg durch den dichten Wald zeigte, und einem klugen Fuchs, der ihnen Tipps gab, wie sie sich vor möglichen Gefahren schützen konnten.

In einem entlegenen Tal trafen sie auf ein Rudel Rehe, die ihnen zeigten, wie man elegant über die weiten Felder springen konnte. Und am Rande eines Flusses trafen sie auf eine schlaue Otterfamilie, die ihnen zeigte, wie man geschickt im Wasser schwimmt.

Während ihrer Reise lernten Schneeflocke und Rufus nicht nur neue Fähigkeiten, sondern auch die Vielfalt der Tierwelt und ihre einzigartigen Lebensweisen kennen. Sie waren von der Schönheit und Komplexität der Natur beeindruckt und fühlten sich in dieser Gemeinschaft von Tieren, die sie als Freunde gewonnen hatten, unglaublich glücklich.

Doch nicht alles war so leicht und freudig wie ihre Freundschaften. Auf ihrer Reise begegneten sie auch Tieren, die ihre ungewöhnliche Freundschaft nicht verstanden. Einige misstrauische Eichhörnchen ärgerten sich über die ungewöhnliche Beziehung zwischen einem Schwein und einem Raben und gaben böse Kommentare ab.

Auch von einigen Menschen, denen sie auf ihrem Weg begegneten, wurden sie skeptisch beäugt. Einige verstanden nicht, wie ein Schwein und ein Rabe so eng miteinander befreundet sein könnten. Die Blicke der Menschen verletzten Schneeflocke und Rufus manchmal, aber sie ließen sich davon nicht entmutigen. Sie wussten, dass ihre Freundschaft einzigartig und etwas ganz Besonderes war.

Trotz der Herausforderungen hielten Schneeflocke und Rufus fest an ihrer Freundschaft fest und unterstützten einander auf ihrem Weg zum Meer. Sie wussten, dass die Meinung anderer nicht wichtig war, solange sie sich gegenseitig hatten und an ihre Freundschaft glaubten.

Endlich, nach Wochen der Reise, erreichten sie das Meer. Das Rauschen der Wellen und der Anblick des endlosen Horizonts faszinierten sie zutiefst. Schneeflocke konnte sich nicht vorstellen, dass sie jemals einen solchen Ort sehen würde.

"Danke, Rufus, dass du meinen Traum wahr gemacht hast", sagte sie mit Tränen der Rührung in den Augen.

Rufus krächzte glücklich: "Schneeflocke, das war das Abenteuer unseres Lebens! Und ich bin so dankbar, dass ich es mit dir teilen durfte."

Schneeflocke und Rufus verbrachten einige unvergessliche Tage am Meer, genossen die Meeresbrise und die Sonnenuntergänge, bevor sie sich schließlich auf den Rückweg in ihren geliebten Wald machten.

Ihre Reise war nicht nur eine Entdeckungsreise der Welt um sie herum, sondern auch eine Reise der Selbstentdeckung. Sie hatten gelernt, dass wahre Freundschaft jeden

Unterschied überwinden kann, und dass
die Unterstützung ihrer tierischen
Freunde im Wald unersetzlich war.

Kapitel 6: Begegnungen am Meer und die Bedeutung des Umweltschutzes

Als Schneeflocke und Rufus das Meer erreichten, öffnete sich vor ihnen eine faszinierende Welt voller Leben und Farben. Der Strand erstreckte sich weit und war mit feinem goldenem Sand bedeckt. Viele Tiere lebten hier und genossen das Rauschen der Wellen und die warme Sonne.

Am Strand trafen Schneeflocke und Rufus zunächst auf eine Gruppe verspielter Möwen, die elegant durch die Luft glitten und nach Fischresten suchten, die von den Wellen an Land gespült wurden. Die Möwen waren neugierig und freundlich und hießen die beiden Neuankömmlinge herzlich willkommen.

"Willkommen am Strand! Seid ihr hier, um die Schönheit des Meeres zu genießen?", fragte eine der Möwen namens Max.

"Ja, wir sind hier, um das Meer zu sehen und all seine Wunder zu entdecken", antwortete Schneeflocke aufgeregt.

Rufus fügte hinzu: "Wir sind auf einer Reise durch den Wald, und das Meer war unser größter Wunsch."

Die Möwen lächelten und erzählten Schneeflocke und Rufus von den verschiedenen Tieren, die in und um das Meer lebten. Sie erfuhren, dass der Strand nicht nur die Heimat von Möwen, sondern auch von Krabben, Muscheln und Sandfischen war.

Schneeflocke und Rufus beschlossen, am Strand entlang zu spazieren und die Tiere kennenzulernen. Sie trafen auf eine lustige Schar von Krabben, die eifrig ihre Scheren bewegten und nach Nahrung suchten. Die Krabben waren neugierig auf die ungewöhnliche Freundschaft von Schneeflocke und Rufus und fragten, wie sie sich kennengelernt hatten.

"Wir haben uns im Wald getroffen und sind seitdem beste Freunde. Gemeinsam erkunden wir die Welt und teilen unsere Abenteuer", erklärte Schneeflocke stolz.

Die Krabben bewunderten die Freundschaft der beiden und erzählten ihnen von den Herausforderungen, mit denen sie am Strand konfrontiert waren. Sie erklärten, wie wichtig es war, dass der Strand sauber und frei von Müll blieb, da sie oft mit Plastikabfällen zu kämpfen hatten, die von Menschen zurückgelassen wurden.

"Wir müssen unsere Heimat sauber halten und darauf achten, dass wir unseren Müll ordnungsgemäß entsorgen. Sonst könnten unsere Ozeane und Strände ernsthaft verschmutzt werden", sagte eine der Krabben nachdenklich.

Schneeflocke und Rufus nahmen diese Botschaft zu Herzen und versprachen, ihren Teil zum Umweltschutz beizutragen. Sie beschlossen, am Strand entlangzugehen und Müll aufzusammeln, den sie auf ihrem Weg fanden. Die Möwen und Krabben jubelten ihnen zu und dankten ihnen für ihre Initiative.

Während sie am Strand entlangspazierten und den Müll sammelten, trafen sie auf einen klugen Delfin namens Finley. Finley war freundlich und gesprächig und erklärte ihnen, wie wichtig es war, die Ozeane zu schützen, da sie ein lebenswichtiger Lebensraum für viele Tiere waren.

"Die Ozeane sind der Lebensspender unseres Planeten. Sie sind reich an Vielfalt und Schönheit, aber auch sehr empfindlich gegenüber Verschmutzung und Umweltzerstörung", erklärte Finley mit Nachdruck.

Schneeflocke und Rufus nickten zustimmend und versprachen, ihre Botschaft über den Schutz der Ozeane und Strände in die Welt hinauszutragen.

In den folgenden Tagen genossen Schneeflocke und Rufus ihr Leben am Meer. Sie lernten, wie man sich auf den Wellen treiben lässt, und beobachteten fasziniert die Unterwasserwelt beim

Schnorcheln. Sie trafen auf Schildkröten, die majestätisch durch das Wasser glitten, und auf farbenfrohe Fische, die in lebendigen Riffen umherschwammen.

Ihre Reise zum Meer war nicht nur ein Abenteuer, das ihren größten Wunsch erfüllte, sondern auch eine Lehre über die Bedeutung des Umweltschutzes und den Respekt vor der Natur. Schneeflocke und Rufus verstanden nun, dass ihre Verantwortung nicht nur darin bestand, die Welt zu erkunden, sondern auch, sie zu schützen und zu bewahren.

Kapitel 7: Die Rückreise und die Fürsorge von Rufus

Nachdem Schneeflocke und Rufus viele wundervolle Tage am Meer verbracht hatten, war es an der Zeit, wieder in ihren geliebten Wald zurückzukehren. Sie verabschiedeten sich von ihren neuen Freunden am Strand und versprachen, eines Tages wiederzukommen.

Die Rückreise war lang und anspruchsvoll. Der Weg führte sie durch unbekannte Gebiete und dichtes Dickicht. Schneeflocke und Rufus waren beide müde, aber sie waren voller Vorfreude darauf, bald wieder zu Hause zu sein.

Als sie einen steilen Abhang hinabgingen, geschah das Unvorhergesehene: Schneeflocke rutschte auf einem lockeren Stein aus und stürzte unglücklich den Hang hinunter. Rufus schrie vor Angst und flog schnell zu ihrer Seite.

"Schneeflocke, bist du in Ordnung? Kannst du dich bewegen?", krächzte Rufus besorgt.

Schneeflocke versuchte aufzustehen, aber ein stechender Schmerz durchzog ihren Huf. "Es tut weh, Rufus. Ich glaube, ich habe mir den Huf verletzt", stöhnte sie.

Rufus wusste, dass er schnell handeln musste. Er half Schneeflocke aufzustehen und stützte sie, als sie vor Schmerzen hinkte. Sie fanden einen sicheren Ort, wo sie sich ausruhen konnten, und Rufus baute ein gemütliches Nest aus Blättern und Zweigen, um Schneeflocke bequem zu betten.

"Danke, Rufus. Du bist ein wahrer Freund", flüsterte Schneeflocke dankbar.

Rufus antwortete mit einem Lächeln: "Natürlich, Schneeflocke. Ich werde immer für dich da sein."

Rufus blieb bei Schneeflocke und kümmerte sich liebevoll um sie. Er holte frisches Wasser aus einem nahen Bach und suchte nach essbaren Beeren und Früchten für sie. Er plauderte mit ihr und erzählte ihr Geschichten, um sie abzulenken und ihr Mut zu machen.

Die Tage vergingen, und Schneeflockes Verletzung wurde allmählich besser, dank Rufus' aufopfernder Pflege. Sie war dankbar für seine Freundschaft und seine Fürsorge und spürte, wie ihre Bindung noch stärker wurde.

"Du hast mir so viel geholfen, Rufus. Ich weiß nicht, was ich ohne dich getan hätte", sagte Schneeflocke gerührt.

Rufus lächelte sanft: "Das ist es, was Freunde tun, Schneeflocke. Wir kümmern uns umeinander und stehen einander in schweren Zeiten bei."

Als Schneeflockes Verletzung genug verheilt war, um weiterzureisen, beschlossen sie, langsam ihren Weg nach Hause fortzusetzen. Rufus half Schneeflocke bei jedem Schritt, und sie stützte sich auf seine Schulter, um die Schmerzen zu lindern.

Obwohl die Rückreise herausfordernd war, meisterten sie gemeinsam jede Hürde. Schneeflocke und Rufus waren stolz auf ihre Freundschaft und ihre Fähigkeit, einander zu unterstützen, wenn es darauf ankam.

Schließlich erreichten sie den Rand des Waldes, der ihr Zuhause war. Schneeflocke strahlte vor Glück, als sie die vertrauten Baumwipfel sah.

"Wir sind fast zu Hause, Rufus! Ich kann es kaum erwarten, alle unsere Freunde im Wald wiederzusehen", sagte sie freudig.

Rufus krächzte vor Aufregung: "Ja, Schneeflocke! Es wird ein freudiges Wiedersehen sein."

Ihre außergewöhnliche Freundschaft hatte sie durch Höhen und Tiefen geführt und sie hatten gelernt, dass sie sich immer aufeinander verlassen konnten, egal was passierte.

Adobe Firefly

Kapitel 8: Das Große Wiedersehensfest

Als Schneeflocke und Rufus zurück in den Wald kamen, wurde ihre Rückkehr von ihren tierischen Freunden mit großer Freude und Aufregung begrüßt. Die anderen Tiere hatten sich Sorgen um sie gemacht und waren erleichtert zu sehen, dass sie sicher zurück waren. Alle waren neugierig, die Abenteuer zu hören, die sie auf ihrer Reise erlebt hatten.

Die Freunde hatten beschlossen, ein großes Wiedersehensfest für Schneeflocke und Rufus zu veranstalten, um ihre Rückkehr angemessen zu feiern. Jedes Tier im Wald half dabei, das Fest vorzubereiten und trug zu einem leckeren Buffet bei.

Das Eichhörnchen brachte Nüsse und Samen, der Hase brachte frische Karotten, und die Vögel brachten Beeren und Früchte aus den Baumkronen. Die Eule, die als die klügste des Waldes galt, organisierte ein beeindruckendes Feuerwerk, um die Freude über die

Rückkehr von Schneeflocke und Rufus zu feiern.

Am Tag des Festes versammelten sich alle Tiere an einem wunderschönen Platz im Wald, der mit bunten Blumen und Girlanden geschmückt war. Schneeflocke und Rufus waren überwältigt von der liebevollen Begrüßung und strahlten vor Glück.

"Willkommen zurück, Schneeflocke und Rufus! Wir sind so glücklich, dass ihr wieder bei uns seid", sagte der kluge Fuchs mit einem Lächeln.

"Danke, ihr alle! Es ist schön, wieder zu Hause zu sein und von euch so herzlich empfangen zu werden", erwiderte Schneeflocke gerührt.

Das Fest begann mit einem festlichen Buffet, bei dem sich alle Tiere versammelten, um die köstlichen Speisen zu genießen. Es gab frische Beeren, knackige Karotten, süße Früchte und herzhafte Nüsse für alle.

Schneeflocke und Rufus erzählten den anderen Tieren von ihren aufregenden

Abenteuern am Meer und wie sie viele neue Freunde getroffen hatten. Die Tiere lauschten gespannt den Geschichten und staunten über die fernen Orte, die sie besucht hatten.

Als die Sonne langsam unterging, begann das Feuerwerk und erfüllte den Himmel mit funkelnden Farben. Schneeflocke und Rufus saßen eng beieinander und beobachteten das magische Spektakel, das ihren wundervollen Tag perfekt abrundete.

Das Feuerwerk war ein Symbol für die strahlende Freundschaft von Schneeflocke und Rufus und für die Verbundenheit aller Tiere im Wald. Sie waren eine Gemeinschaft, die sich gegenseitig unterstützte und gemeinsam die Freuden des Lebens feierte.

Als das Feuerwerk zu Ende ging, erhob sich die Eule und sprach mit feierlicher Stimme: "Lasst uns an diesem Tag nicht nur die Rückkehr von Schneeflocke und Rufus feiern, sondern auch die Bedeutung von Freundschaft und

Zusammenhalt in unserem Wald.
Gemeinsam können wir jede
Herausforderung meistern und die
Schönheit und Vielfalt der Natur
genießen."

Alle Tiere stimmten zu und hoben ihre
Stimmen in einem fröhlichen Lied an,
das die Freude und Dankbarkeit für die
wunderbare Gemeinschaft im Wald zum
Ausdruck brachte.

Das Wiedersehensfest dauerte bis spät
in die Nacht, und Schneeflocke und
Rufus genossen jeden Moment davon.
Schneeflocke war wieder ganz gesund
und voller Energie, bereit für viele
weitere Abenteuer mit ihrem besten
Freund Rufus.

Schneeflocke und Rufus wussten, dass
ihre außergewöhnliche Freundschaft
etwas Besonderes war und dass sie
zusammen alles überwinden konnten.
Sie waren dankbar für ihre tierischen
Freunde, die sie in ihrem Herzen trugen
und die sie immer unterstützen würden.